Marc Hinkel

# Natur spricht

Fotos: Petra Heiner

© tao.de in Kamphausen Media GmbH, Bielefeld

1. Auflage 2019

Autor: Marc Hinkel
Fotos: Petra Heiner
Umschlaggestaltung, Illustration: tao.de
Umschlagfoto: Petra Heiner

Verlag: tao.de in Kamphausen Media GmbH, Bielefeld, www.tao.de, Email: info@tao.de

Bibliografische Information der Deutschen Nationalbibliothek: Die Deutsche Nationalbibliothek verzeichnet diese Publikation in der Deutschen Nationalbibliografie; detaillierte bibliografische Daten sind im Internet über http://dnb.d-nb.de abrufbar.

ISBN Hardcover: 978-3-96240-521-2
ISBN Paperback: 978-3-96240-520-5

Das Werk, einschließlich seiner Teile, ist urheberrechtlich geschützt. Jede Verwertung ist ohne Zustimmung des Verlages unzulässig. Dies gilt insbesondere für die elektronische oder sonstige Vervielfältigung, Übersetzung, Verbreitung und sonstige Veröffentlichungen.

# Inhalt

| | |
|---|---|
| Natur pur (Prolog) | 7 |
| Das Farben-Menü | 10 |
| Die Illusion | 12 |
| Misstrauen | 14 |
| Sehnsucht | 16 |
| Eiszeit | 18 |
| Das Frühlingsblatt | 22 |
| Die ganze Botschaft | 24 |
| Tief in dir drinnen | 26 |
| Sinnlichkeit | 28 |
| Das wahre Leben | 30 |
| Bienenweisheit | 32 |
| Wahrnehmung | 34 |
| Schattenlicht | 36 |
| Frieden | 38 |
| Tränen | 40 |
| Lichtgestalten | 42 |
| Glück | 44 |
| Das Lied der Stille | 46 |
| Der Augen-Blick | 48 |
| Die Wut-Rede | 50 |
| Vergissmeinnicht | 54 |
| Der Festtag | 56 |

| | |
|---|---|
| Die blaue Feder | 58 |
| Tanz der Distel | 60 |
| Der Spiegel | 62 |
| Prüfungszeit | 64 |
|     Teil 1: Die Reife-Prüfung | 64 |
|     Teil 2: Die Abschluss-Prüfung | 68 |
| Liebe Mutter Sonne (der erste Brief) | 70 |
| Das weiße Schirmchen | 72 |
| Wahre Liebe (1) | 74 |
| Der Weg-Weise(r) | 76 |
| Liebe Mutter Sonne (der zweite Brief) | 78 |
| Eine Frage der Entscheidung | 80 |
| Liebeskummer | 82 |
| Die Lücke | 84 |
| Wahre Liebe (2) | 86 |
| Liebe Mutter Sonne (der letzte Brief) | 88 |
| Chaos im Walde | 90 |
| See(le)nfeuer | 92 |
| Von Nutzen sein | 94 |
| Erwachen | 96 |
| Geborgenheit | 98 |
| Der Weihnachtsbaum | 100 |
| Das Geschenk (Epilog) | 102 |
| Danksagung | 104 |

# Natur pur (Prolog)

Ich bin das Licht, das dich umschließt
und jeden, der auf Erden lebt.
Ich bin die Pflanze, die hier sprießt,
die einfach so gen Himmel strebt.

Ich bin der Bach, der friedlich fließt,
der gern sein ganzes Tal belebt.
Ich bin der Fisch, den du nicht siehst,
der dennoch unter Wasser schwebt.

Ich bin der Stein, das Fundament,
auf mir wurde die Welt erbaut.
Ich bin die Flechte, die dezent
dem kargen Untergrund vertraut.

Ich bin das Tier, das fliegt, das rennt.
Komm, lausche meinem Freudenlaut.
Bin das Insekt, dessen Talent
das Leben bringt zu Baum und Kraut.

Ich bin die Vielfalt der Lebensarten.
Bin frei von Vorbehalt, frei von Erwarten.
Ich bin *dein* Aufenthalt, *dein* Weisheitsgarten,
den du mit Sorgfalt sollst stetig warten.

Ja, dies alles bin ich –
doch in mir steckt noch so viel mehr ...

Ich zeige dir Barmherzigkeit,
kann jeden meiner Nächsten lieben.
Ich zeige dir Beharrlichkeit,
wie du dich in Geduld kannst üben.

Ich zeige dir Gelassenheit,
der Stress ist mir stets ferngeblieben.
Ich zeige dir Genügsamkeit,
zu „Mehr" hat es mich nie getrieben.

Ich bin Therapie, ich bringe dir Zuversicht;
ich bin Harmonie, natürliches Gleichgewicht;
ich bin Energie, ich strotze vor Kraft und Licht;
ich bin Poesie, ein einziges Gedicht.

Ich steh für Grenzenlosigkeit,
für gleiche Sicht auf jedes Leben.
Ich steh für Wechselhaftigkeit,
für Hochs und Tiefs. So ist das eben.

Ich stehe für Selbstlosigkeit,
mein ganzes Sein will ich dir geben.
Ich stehe für Natürlichkeit,
für einfaches und wahres Leben.

Und wie steht's mit dir, mein lieber Mensch?

Das wahre Leben fällt dir schwer.
Die Einfachheit, die fehlt dir sehr,
und Menschlichkeit noch so viel mehr.

Ich lade dich ein.
Komm zu mir her.
Sieh, hör und fühl, was ich dich lehr.

Glaub mir, dann gehörst du
irgendwann mit dazu,

zur Natur –
pur.

## Das Farben-Menü

Wir Strahlen der Sonne wollen dich entführen
in unsere bunte Winterfarbenwelt.
Ein feines Menü werden wir dir kreieren,
und hoffen, dass es deinen Augen gefällt.

Erst lassen wir Tannen sanft rötlich erstrahlen
– die Vorspeise von unserm Farben-Dîner –
dann mogeln wir uns durch die Stämme und malen
hellblau deren Schatten in den weißen Schnee.

Auch gelbbraune Töne werden wir kredenzen,
dort wo unsre Wärme den Frost hat verscheucht.
Als Abrundung lassen wir Immergrün glänzen.
So wird dir dies köstliche Mahl dargereicht.

Wünschst du jedoch noch exquisiter zu speisen,
offerieren wir Farben im tieferen Sinn.
Doch nur das Rezept können wir dir anpreisen.
Die Farben erschaffen, ist nur für *dich* drin.

Sie können nur aus deinem Innersten sprießen.
Nur du ganz allein hast die Macht sie zu sehn.
Dein Herz sollst du öffnen, die Augen sanft schließen.
In friedvoller Stille lass alles geschehn.

Dann werden dir lichtgleiche Farben erscheinen,
von göttlicher Pracht, so unvorstellbar klar.
Wenn sie sich tief mit deiner Seele vereinen,
verschwinden die Ängste, und Träume werden wahr.

# Die Illusion

Aus Pfahl und Draht wurd ich errichtet.
Unendlich weit reicht mein Gerüst,
so dass man aus der Ferne sichtet,
wo Eigentum zu Ende ist.

Sich mir zu nähern war gefährlich.
Die Feinde wahrten die Distanz.
So hielt ich mich für unentbehrlich,
bis Schneeflocken baten zum Tanz.

Sie griffen an von allen Seiten.
Bewiesen mir, wie leicht es war
meine Grenzen zu überschreiten.
Da wurde mir urplötzlich klar:

Ich bin das Opfer meines Dramas!
Wer braucht mich schon in der Natur …
Bei Sicht des Winterpanoramas
störe ich doch in Wahrheit nur.

Drum lass ich mich jetzt langsam sinken,
erkenne mich als Illusion.
Werd nur noch mit dem Zaunpfahl winken …
Ich nehm sie an, diese Lektion!

## Misstrauen

Ich seh etwas blitzen,
so früh schon am Tag.
Vergaß mich zu schützen
vor dir – Menschenschlag.

Gerate in Panik!
Hab alles verlernt!
Der Schutz der Botanik
ist zu weit entfernt!

Aus vielen Berichten
weiß ich: Jetzt ist Schluss!
Du wirst mich jetzt richten.
Auf ‚Blitz' folgt stets ‚Schuss'!

„Ich will dich ablichten",
rufst du, „bleib doch stehn!
Hab gute Absichten!
Ein jeder soll dich sehn!"

Das soll ich dir glauben?
Nee – sagt mein Gefühl!
Mein Leben zu rauben
ist dein wahres Ziel!

Muss mich jetzt beeilen,
verschwinden im Wald.
Nur dort kann ich weilen.
Nur dort werd ich alt.

Ich soll dir vergeben???
Mensch – bist du naiv!
Es sind, für dies Leben,
die Wunden zu tief!

# Sehnsucht

Die Bank und ich, der alte Baum,
wir sterben fast vor Einsamkeit.
Am Leben hält uns nur der Traum
von der nahenden Frühlingszeit.

Die Sehnsucht nach den Menschenwesen
lässt uns die Kälte überstehn.
Demnach können wir erst genesen,
wenn wir die Wandrer wieder sehn,

wie sie erscheinen auf der Flur,
sich bei uns eine Pause gönnen
und still genießen die Natur,
bevor sie wieder weiter können …

Wir lieben es, wenn sie hier sitzen,
mit einem Lächeln im Gesicht.
Und ich hab Blattwerk, sie zu schützen
vor allzu starkem Sonnenlicht.

Vielleicht, als Dank fürs Schattenspenden,
wird sich ein Gast, der hier mal ruhte,
auch jetzt im Herzen uns zuwenden.
Das käme ihm und uns zugute.

So warten wir drauf zu erleben,
wie gern die Menschheit uns doch hat.
Bis dahin wird uns Trost gegeben,
durch freie Sicht auf ihre Stadt (*).

(*) Sämtliche Fotos entstanden in der Region Südeifel sowie in Echternach (L)

# Eiszeit

Mir ward vorgegeben
mit Wasser zu schwimmen,
tagein und tagaus.
Doch mein Tropfenleben
wollt ich selbst bestimmen.
So brach ich denn aus.

Ich spürte ein Ziehen
gen weitere Fernen.
Ein tolles Gefühl!
Dem Weiher entfliehen,
bis hin zu den Sternen,
nur das war mein Ziel.

Familie aufgeben
und Freunde verlassen,
das tat ich dafür.
Musst mich für dies
Leben dem Klima anpassen.
Der Frost kam zu mir.

Mit Kälte und Härte
nur konnt ich aufsteigen.
Ja, das war der Preis.
Die inneren Werte
begannen zu schweigen.
So wurd ich zu Eis.

Jetzt konnt ich mich dehnen,
die Aura erweitern
und klebte am Holz,
zusammen mit jenen,
die auch niemals scheitern.
Was war ich so stolz!

Ich hatte gewonnen!
Mein sterngleiches Blitzen
war ein Hochgenuss.
Doch mich im Ruhm sonnen,
bewirkte auch Schwitzen.
Ich kehrte ins Plus.

Vom Pfahl mich jetzt lösen
und Schande erleiden,
wollt ich nimmermehr.
Mit Haken und Ösen
den Absturz vermeiden,
war prioritär.

Durch zu viel Verkrampfen
kam, statt einer Wende,
Bestrafung zuhauf.
Ich musste verdampfen.
Das war jetzt mein Ende.
Ich löste mich auf.

In den zwei Sekunden
erschien mein Gewissen
und sprach ernst zu mir:
„Schau, so viele Wunden
hast du aufgerissen,
aufgrund deiner Gier."

Sofort, augenblicklich,
erfuhr ich Bereuen.
Es tat mir so leid.
Ich war kreuzunglücklich
und bat um Verzeihen.
Vorbei, die Eiszeit!

Jetzt konnte ich schwimmen,
in Liebe und Frieden,
und sah Sternenglanz,
vernahm Engelsstimmen,
war endlich verschieden …
Na ja, nicht so ganz.

Auch nach dem Ableben
gibt's weiter Symptome
von mir - irgendwo.
Ich teilte mich eben
in meine Atome:
Zwei H und ein O.

# Das Frühlingsblatt

Der Volksmund, er sagt, dass der Frühling beginnt,
wenn erste Wildblumen der Erde entsprießen.
Doch lange bevor Blüten zu sehen sind,
bin ich schon dabei Sonnenlicht zu genießen.

Als erstes Blatt hab ich den Winter verdaut.
In saftigem Grün und in Form einer Niere,
darfst du mich bewundern – mich, das Scharbockskraut –
wie ich früh im Jahr schon den Waldboden ziere.

Für Augen und Gaumen bin ich ein Gedicht.
Ja, auch als Salat darfst du mich gern verspeisen.
Doch tauge ich nur als erlesenes Gericht,
bevor sich meine gelben Blüten anpreisen.

Mit Essig bin ich dir ein Kapern-Ersatz.
Die Haut heile ich, als Tee eingenommen.
Entzündungen haben mit mir keinen Platz.
Sogar deinem Kreislauf werd ich gut bekommen.

In früherer Zeit nahm man mich mit zur See.
Im Trockenzustand konnte ich kaum verderben.
Mein hoher Bestandteil an Vitamin C
bewahrte Matrosen an Skorbut zu sterben.

Ich hoffe, du hast etwas von mir gelernt,
und wirst dich im Walde bewusst nach mir bücken.
Wir hatten uns weit voneinander entfernt.
Die Zeit ist jetzt reif neu zusammenzurücken.

(Foto: Marc Hinkel)

# Die ganze Botschaft

Als V, als Z, als Ypsilon
seht ihr uns hoch am Himmel schweben.
Solch festgelegte Formation
erleichtert unser Gänseleben.

Wie allerorts auf unsrer Reise,
so fällt es uns auch hier recht schwer,
euch zu verkünden, nicht ganz leise:

„Krah! Krah! Der Winter ist nicht mehr!"

Denn das ist nur die halbe Botschaft.

Von oben haben wir erkannt,
wie ihr da unten Angst und Not schafft
und die Menschlichkeit verbannt habt aus euren Herzen,
die auf uns so kalt und leer wirken – so voller Schmerzen.

„Krah!Krah! Vom Winter kommt noch mehr!"

Wir erschreien euch die Gelegenheit, durch innere Wandlung euer Herz zu stärken, euch zu befreien.
Nutzt diese Zeit für heilsame Handlung in Worten und Werken!

Erst wenn bei euch, statt Gier und Neid, wieder das Mitgefühl vorhanden ist, haben wir auch wieder Grund und Lust bei euch zu landen.
Erst wenn bei euch, statt Wut und Streit, wieder die Liebe Einkehr hält, und wenn ihr wieder bereit seid für eine tolerante Welt, ohne irgendjemand zu bekriegen, zu besiegen, zu belügen, dann bräuchten wir nicht mehr weiterfliegen.

Dann wäre die Menschheit wieder groß.

Doch solange ihr nicht an einem Strang zieht,
krähen wir weiter laut drauf los:

„Krah! Krah! Der Winter ist noch lang!"

# Tief in dir drinnen

Gnadenlos, wie unsichtbare Zecken,
spring ich hervor aus dunklen Ecken,
werde dich erst einmal erschrecken
und dann dein ganzes Sein bedecken.

Ich liebe es, in dir zu thronen,
in deinem schwachen Geist zu wohnen.
Gar wirst du mich dafür entlohnen
mit Aggress- und mit Depressionen.

Ich will dich voll mit Schuld einkleiden,
mich gern an deinen Tränen weiden.
Mit mir gibt's für dich nur noch Leiden.
Liebe und Glück wirst du dann meiden.

Ich lösche in dir alle Kerzen,
die Psyche fülle ich mit Schmerzen,
die Dankbarkeit will ich ausmerzen
und auch die Demut, aus dem Herzen.

Wenn du versuchst, mir zu entrinnen,
werd ich noch mehr an Macht gewinnen.

Könntest du dich jedoch entsinnen,
der wahren Kraft, tief in dir drinnen,
die helfen würde zu verstehen
und mich als *Seelenplan* (*) zu sehen,
dann könnt ich so nicht mehr bestehen.
Wie dunkler Rauch würd ich verwehen.

Schaffst du es, diesen Weg zu wagen,
werden an warmen Sommertagen
von deinem Baum die Früchte ragen,
so reich, dass du, von Heil getragen,
den Schatten gern willst „Danke!" sagen.

(*) Lieber Mensch,
wenn dir *Seelenplan* „Tief In Dir Drinnen" nicht zusagt,
hätte ich hier ein paar Alternativen für dich:
*Schattenlicht; Karma; Teil von dir; Segen; Illusion;
Geschenk; Chance ...*

# Sinnlichkeit

Behutsam streichelst du meiner Zweige Enden.
Ich liebe es, wenn du mich so sanft aufweckst.
Drum werd ich mit Schlaf keine Zeit mehr verschwenden
und küsse die Strahlen, die du mir hinstreckst.

Ich sauge sie auf, diese wärmende Wonne,
verteile sie über mein ganzes Geäst.
Ich liebe den Frühling, ich liebe dich, Sonne,
wie du meine Sinnlichkeit aufblühen lässt.

Ich spür meine Wurzeln, die wollüstig beben,
in Vorfreude auf das, was gleich kommen mag.
Für dich, liebe Sonne, werd ich mich hingeben.
Ich bitte dich, nimm mich jetzt ganz in Beschlag.

Liebkos meine Knospen, bis sie rot erglühen.
Verführ mich mit Liebe und Leidenschaft pur,
bis ich in Ekstase werd Pollen versprühen.
Dies wünsch ich mir jetzt, ohne Scham und Zensur,

so oft wie's nur geht, immer wieder aufs Neue!
Vom März bis zum Mai strotz ich vor Energie.
Ich weiß, liebe Freundin, du hältst mir die Treue.

Ganz anders: Du – Mensch mit Pollenallergie.

# Das wahre Leben

In mächtigen Wolken kommst du von Südwest.
Schon ewig her, dass ich dich fühlen hab dürfen.
Jetzt, Regen, beschenkst du mein trocken Geäst.
Wie prickelnder Sekt wird mein Blattwerk dich schlürfen.

Dann brichst du durch, Sonne. Mir wird ziemlich heiß.
Die Strahlen, wie Zungen, die Nässe ablecken.
Was sie übriglassen, ist kullernder Schweiß
der sich in den Furchen vom Stamm will verstecken.

Mit Eifer sorgst du, Wind, für das Gleichgewicht,
wenn Regen und Sonne zu sehr übertreiben.
Dann haucht deine Brise sanft durch mein Gesicht,
so dass ich die Leidenschaft kaum kann beschreiben.

Du, Erde, holst mich auf den Boden zurück,
erinnerst mich, demütig Wurzeln zu schlagen.
Aufgrund deiner Weitsicht gedeih ich ins Glück.
Du gibst mir die Nahrung und wirst mich stets tragen.

Ich danke euch Vieren für eure Präsenz.
Doch ohne dich, Raum, würd es selbst euch nicht geben.
Du stehst am Anfang aller Existenz.
So schenkt deine Leere – auch mir – wahres Leben.

# Bienenweisheit

Nimmst nur das Süße von den Früchten.
Glaubst, dir gehört dieser Planet.
Doch *wer* hat den Job zu verrichten,
wodurch erst eine Frucht entsteht?

Früh morgens flieg *ich* aus der Wabe,
bleibe bei jeder Blüte stehn
und gebe alles, was ich habe.
Du kannst es auf dem Bilde sehn.

Ohne *mein* Werk wär's schnell zu Ende
mit Mensch, mit Pflanze und mit Tier,
denn nur durch *meine* Fühlerhände
erhalte *ich* das Leben hier!

*Ich* sorge für das Gleichgewicht
auf dem, was ihr „die Erde" nennt!
*Nur ich allein* führ euch ins Licht
mit *einzigartigem* Talent!!
*Bin eure letzte Rettungsleine …*

– Zurück zu der Bescheidenheit –

Ich mach mich wieder auf die Beine,
denn ich vergeude keine Zeit
mit Ego-Spielchen aller Art,
wie es ihr Menschen gerne tut.

Weitsicht mit Toleranz gepaart,
das tät euch auch mal wieder gut!

# Wahrnehmung

Mein Antlitz verzückt dich – das kleine gelbrote.
Deswegen bist du an dem Bild interessiert.
Dabei zeigt es dir eine tiefere Note.
Ich bin nur ein Bruchteil von dem, was es ziert.

Nur auf meine Blüte will sich dein Blick richten.
Fürs restliche Bild hast du wenig Gespür.
So werd ich dir von seiner Fülle berichten
und zeig dir die Schätze, gleich hier, neben mir.

Darf ich dir erst mal meine Schwestern vorstellen.
Liebevoll rufen sie mich: Sonnenschein!
Schau, wie sie sich schützend um mich rum gesellen.
Ja, meine Familie wird stets bei mir sein.

Jetzt blick' auf die Pflanzen, die hinter uns stehen.
Begrüße die Esche und den Bärenklau.
Auch Ahorn wächst dort und ist hübsch anzusehen.
Nimmst du sie voll wahr, dann verschwindet das Grau.

Die Stütze vom Bild möcht ich jetzt hervorheben.
Es ist dieses Gras, das dicht um uns gedeiht.
Es sehnte sich, mit uns zusammenzuleben
und hat uns somit aus dem Zierbeet befreit.

Hier geht es darum, sich zu ehren, zu schätzen,
dem Nächsten begegnen mit viel Empathie.
Die Sicht auf das Ganze gilt es umzusetzen.
Denn sie ist die Grundlage für Harmonie.

# Schattenlicht

Unsre rosa Blütenblätter
schauen gerne himmelwärts,
saugen auf das schöne Wetter
und umgarnen unser Herz.

Dieses liebt es sich zu aalen
in dem warmen Sonnenschein.
Siehst es hier von unten strahlen,
wo doch Schatten müsste sein.

Die Rückseite unsrer Blüten
leuchtet wie von vorn erhellt.
Hier haben wir Margeriten
unsrem Schatten uns gestellt.

Schwörten ihm, dass wir ihn lieben,
und schon strahlte sein Gesicht.
Dunkelheit wurde vertrieben.
Das was blieb, ist Schattenlicht.

# Frieden

Ich will dich anschauen
und spitz' die Antennen.
Hab vollstes Vertrauen,
dass wir uns erkennen

als Partner im Leben
mit eignen Revieren,
im Nehmen und Geben
uns voll respektieren.

Was du mir willst sagen,
kann ich in dir fühlen.
Mal willst du mich jagen,
mal nur mit mir spielen.

Ich will doch das Gleiche!
Kann lieben und hassen,
wenn ich herumschleiche
des Nachts in den Gassen.

Da wir ähnlich ticken,
lass uns Frieden schließen
und aus freien Stücken
das Leben genießen.

# Tränen

Du denkst, sie sind vom Regenschauer,
die Tropfen hier auf meinem Grün,
doch es sind Tränen tiefster Trauer.
Sie weisen auf mein Leiden hin.

Sie zwingen mich, mich zu verneigen.
Zu sehr erdrückt mich ihre Last.
So will ich bildlich dir hier zeigen,
was du an mir verbrochen hast!

Mit „mir" mein' ich: die Tiere, Pflanzen,
der einst so blaugrüne Planet.
Ich weine, weil von diesem Ganzen
nur noch ein Bruchteil heut besteht.

Du weißt, dass sich das Klima wandelt,
du kennst das Problem „$CO_2$".
Die Welt braucht jemand, der auch handelt.
Die Zeit der Reden ist vorbei!

Du – Mensch – bist dazu auserkoren.
Es ist deine verdammte Pflicht!
Ich wurd zwar nur als Blatt geboren,
doch helf ich dir mit meiner Sicht.

Mehr Mitgefühl sollst du aufbauen.
Im Herzen weißt du, wie man's macht.
Musst tief in meine Tränen schauen,
dann bleibt sie aus, die letzte Schlacht

zwischen Menschen, Pflanzen, Tieren,
um den verbliebenen Lebensraum ...
Ein Kampf, den jeder würd verlieren ...
Ich hoff, dies bleibt ein schlechter Traum.

Ich fleh dich an, lass dich belehren!
Sonst schaufelst du dein eignes Grab.
Noch kannst den Kollaps du abwehren.
Doch spute dich! Die Zeit wird knapp!

Ich mach's dir vor! Genug der Tränen!
Hier hilft nur frischer Tatendrang!
Ich werd mich jetzt noch weiterdehnen
und setz die Tropfen so in Gang.

Über den Rand lass ich sie fließen.
Dort wo sie landen auf der Erd,
wird bald schon neues Leben sprießen.
So hab ich Leiden umgekehrt.

# Lichtgestalten

Die Abendsonne ist bereit,
sich von der Lichtung abzuwenden.
Sie nimmt sich dennoch gern die Zeit
für letzte klare Farbenspenden.

Und während sie sich zieht zurück,
erscheinen wir am Waldesrand,
breiten uns aus, und Stück für Stück
bedecken wir das grüne Land.

Ein Anblick, den du gern genießt.
Du könntest uns für Nebel halten.
Jedoch, wenn du genau hinsiehst,
erkennst du uns als Lichtgestalten.

Wir wollen hier im Abendlicht
uns für ein großes Fest herrichten.
Endlich vorbei ist unsre Schicht
als Baumschutzgeister bei den Fichten.

So feiern wir die ganze Nacht.
Wir tanzen, lieben uns und träumen.
Wenn dann der neue Tag erwacht,
ruft wieder Arbeit in den Bäumen.

# Glück

Wenn sich Lachen und Weinen
in Liebe vereinen,
dann hast du – wie ich – aus dem Leben gelernt.

Emotionen erscheinen.
Nicht eine will ich verneinen.
Das Glück ist nur eine Träne entfernt.

# Das Lied der Stille

Vor Urzeiten ward ich geschrieben,
für jedes Wesen komponiert.
Bin keinen Ohren ferngeblieben,
werd stets verschieden aufgeführt.

Die ganze Welt ist meine Bühne,
der weite Raum mein Opernhaus.
In mir spielt keine Violine,
komm' ohne Instrumente aus.

Vermagst nur fühlend mich zu hören,
gleichwohl erkling ich immerfort.
Selbst ein Gesang würde nur stören.
Die Partitur enthält kein Wort.

Das Blatt besteht aus Pausenzeichen,
durchsetzt mit Lauten der Natur.
Die Melodie ist ohnegleichen,
vollkommen frei von Moll und Dur.

Ich bin das alte Lied der Stille,
bin immerzu abspielbereit.
Wie tief ich dich mit Klang erfülle,
hängt ab von deiner Achtsamkeit.

Um mir zu lauschen, mich zu spüren,
musst du entspannt und friedvoll sein.
Sollst dich im Hier und Jetzt verlieren,
und deine Wahrnehmung wird rein.

Bleib ohne denken, reden, werken,
denn ich hab alles, was du brauchst.
Die Harmonie kannst du verstärken,
indem du in dies Bild hier tauchst,

das du auch gern kannst kopfwärts drehen,
so dass der See als Himmel schwebt.
Ich bleib für alle Zeit bestehen,
noch länger, als die Erde lebt.

## Der Augen-Blick

Die Blütezeit ist längst zu Ende.
Kein Grund für mich zur Traurigkeit.
Ich dien' jetzt als „Neue vier Wände"
für die Marie im Punktekleid.

Sie floh aus Menschen-Wohngebieten.
Bloß Überleben, war ihr Ziel.
Ich hatte Frieden anzubieten.
Sehr gerne gab ich ihr Asyl.

Ich sah das Leid in ihrem Herzen.
Ein Augen-Blick genügte mir,
um nachzufühlen ihre Schmerzen.
Drum ließ ich sie in mein Revier.

Noch hält Marie sich still verborgen.
Verständlich! *Dich* will sie nicht sehn.
Bis sie sich fühlt bei mir geborgen,
wird wohl noch etwas Zeit vergehn.

Sie darf solange bei mir leben,
bis es viel besser um sie steht.
Selbst dann braucht sie nicht abzuheben.
Sie kann entscheiden, wann sie geht.

Wohin ihr Weg sie auch wird führen,
im Herzen hoff ich insgeheim,
sie schafft es sich zu integrieren
und nimmt mich an als „Neues Heim".

# Die Wut-Rede

Gesandte sämtlicher Nationen:
Danke, dass ihr erschienen seid,
um dieser Rede beizuwohnen.
Na, wenn ihr das mal nicht bereut ...

Weil ich schon giftig wurd geboren
und auch ein großes Mundwerk hab,
wurd *ich* als Referent erkoren
von unserm Pflanzen-Führungsstab.

Erstmal will ich mich hier vorstellen.
's geht auch um mich am Rednerpult.
Ich bin vom Klan der Küchenschellen.
Einst war'n wir zahlreich und gar Kult.

Wir lebten frei von allen Zwängen,
liebten viel Kalk und Sonnenschein.
Dann kamt ihr, um uns zu verdrängen,
nahmt unsren Lebensraum ganz ein.

Wir haben viel Geduld bewiesen,
auf euer Mitgefühl gehofft.
Doch ihr habt nur euch selbst gepriesen,
und uns enttäuscht, gar allzu oft.

Wie uns, geht's vielen andren Arten,
manche vom Aussterben bedroht.
Wir haben's satt nur abzuwarten!
Jetzt stehn wir auf und sehen rot!

Ihr pfercht uns ein in Blumentöpfe!
Wir werden gen-manipuliert!
Wir sind doch fühlende Geschöpfe,
kein Ding, das man nur extrahiert!

Uns geht's ums blanke Überleben.
Schluss, mit diesem Holocaust!
Wir Pflanzen werden uns erheben
und recken vehement die Faust!

In Stellvertretung meiner Freunde,
schlag ich energisch aufs Podest
und fordere von euch, Gemeinde,
ein klares Freiheitsmanifest!

Ansonsten drohen Konsequenzen!
Wir sind gewappnet für den Krieg.
Wir überschreiten eure Grenzen!
Kein Zweifel gibt's an unsrem Sieg!

Wir richten eure Art zugrunde!
Wir drehn euch ab, den Sauerstoff,
bis für euch schlägt die letzte Stunde!!
Ach nein! Klingt das für euch zu schroff?!

Die Kunst uns radikal zu wehren,
haben wir doch von euch gelernt!
Ihr glaubt wohl, ihr könnt uns entbehren.
Von Weisheit seid ihr weit entfernt.

Ich mahne euch, ihr habt vergessen,
dass ihr nur Gäste bei uns seid!
Wir haben diese Welt besessen
sehr lange schon vor eurer Zeit!

Was einmal war, kann wiederkommen.
Für Pflanze und Tier wär's nur gerecht.
Aus eurem Blick, der leicht verschwommen,
les ich ganz klar: Ich habe recht!

Noch könnt ihr kitten manche Scherben.
Jedoch, wenn ihr so weitermacht,
werden wir sehn, *wer* wird aussterben!
Ich wünsch euch eine gute Nacht.

## Vergissmeinnicht

Du findest mich gar selten in den Vasen.
Vergessen hast du deshalb mein Gesicht.
Ich lug für dich hervor jetzt hinter Rasen.
Erinnere dich: Ich heiß Vergissmeinnicht!

Einst stand ich als Symbol für wahre Treue.
In alter Zeit, da hatt ich viel Gewicht.
Geschenkt wurd ich der Liebsten stets aufs Neue,
um ihr zu sagen: Ich vergess dich nicht!

Schau in mein Herz, und du hörst deines schlagen.
Dein Leben lang erfüllt es seine Pflicht.
Bedingungslos wird es dich immer tragen.
Drum, lieber Mensch, bitte vergiss es nicht.

Vielleicht sollst du mit mir dich selbst beschenken,
die Wahrheit sehn in meinem Blütenlicht.
Tief in dich gehen, ohne viel nachzudenken,
und dann erkennen: Ich vergess mich nicht!

# Der Festtag

Am besten Tag, den ich seit langem erlebe,
tanze ich herum in den Fäden und sing,
denn gänzlich intakt verblieb mein Spinngewebe,
als sich fette Beute heut Nacht drin verfing.

Dein Pech, lieber Falter, dass du so musst sühnen,
aber immerhin bist du mein Leibgericht.
Ist besser für dich, mir als Nahrung zu dienen,
als bloß zu verbrennen in künstlichem Licht.

Das Leben ist kurz, und ich will meines spüren.
Doch deines, mein Möttchen, ist leider vorbei.
Ich weiß, ich kann meins auch urplötzlich verlieren.
Heut pfeif ich darauf! Es ist mir einerlei!

Doch halt! Was sehen erst jetzt meine Augen:
Mein Essen hat keine Insektengestalt!
Dann werd ich statt Rotes wohl Grünes aussaugen.
Was soll's! Bleibt heute die Küche halt kalt.

Dazu gönn ich mir ein Glas Morgentausekt,
das freundlich der Bärenklau mir rüberreicht.
Ich trink auf die Sonne, die sich nach mir streckt
und sanft meine Glieder mit Wärme bestreicht.

# Die blaue Feder

Als ich dich sah, macht' ich mir Sorgen.
Da kam Gefahr in mein Revier!
Drum blieb ich im Gestrüpp verborgen.
Was wollte die Person von mir?

Doch dann entschloss ich mich zu fliegen,
sie zu erschrecken, mit Gebrumm.
So, dacht' ich, würd ich sie besiegen.
Doch sie blieb stark, verhielt sich stumm,

schaute mir zu, zeigte Manieren.
Da wurde mir auf einmal klar:
Sie ist hier um mich zu studieren!
Von ihr droht mir keine Gefahr.

Du hast dich in Geduld bewiesen
und auch mein feuchtes Heim verschont.
Drum, lieber Mensch, seist du gepriesen.
Du wirst mit meinem Flair belohnt.

Moment! Ich bring mich noch in Pose.
Bin sensationell fotogen.
Viel schöner als die schönste Rose.
Sollst mich sogar von vorne sehn.

Laut fliegend kennt mich wohl ein jeder.
Stolz thronend bin ich kaum bekannt.
Seh ich nicht aus wie eine Feder
in königsblauem Stahl-Gewand?

Ich danke dir an dieser Stelle
für meinen Glanz im Sonnenschein,
und zwischen Mensch und der Libelle
soll von jetzt an nur Freundschaft sein.

# Tanz der Distel

Ein herrlicher Tag ist schon wieder vergangen,
an dem ich konnt glücklich und unbeschwert sein.
Ich bin wieder mal jenen Menschen entgangen,
die glauben, ich müsste ihr Eigentum sein.

Du, Sonne, hast vor dich alsbald zu verschanzen.
Deine letztes Erleuchten erfreut mein Gemüt.
Ich werde zum Dank ein Ballett dir vortanzen,
bis mein rosa Haupthaar sich zusammenzieht.

Und wenn du dann schläfst, werde ich Wache halten,
beschützen die Gräser und Blumen im Feld.
Mit Stolz werde ich diese Nacht gut verwalten,
so lang, bis am Morgen dein Licht mich erhellt.

# Der Spiegel

Ich seh dich, liebes Erdenwesen,
wie flehend du zu mir aufblickst.
So gerne wünschst du zu genesen,
indem du dich an mir entzückst.

Doch heute will ich dich belehren.
Lass Wunsch und Bitte einfach sein!
Soll wahres Glück bei dir einkehren,
dann fühle *deiner* Sonne Schein.

Du findest dauerhafte Klarheit,
nur wenn du hinter Strahlen schaust.
Erfährst die dir bestimmte Wahrheit,
wenn du auf Herz und Seele baust.

So wirst du dich in mir erkennen.
Wirst unser beider Lichter sehn,
die als ein Licht zusammenbrennen
und in Unendlichkeit bestehn.

# Prüfungszeit
## Teil 1: Die Reife-Prüfung

Als Gerste kam ich in dies Leben,
um stramm zu stehen im Spalier,
mich meinem Schicksal hinzugeben,
als Brot, als Futter oder Bier.

Viel zu viel Zeit ließ ich verstreichen
mit Reifen in den Tag hinein,
wie Tausende von meinesgleichen,
bis ich entschied, ich selbst zu sein.

Mein Ziel war es herauszuragen
aus diesem schlichten Gerstenbeet.
So fing ich an herumzuklagen,
bis Blätter kamen angeweht.

Goldgelb und mit erhobenen Zacken,
so schwebten sie dicht über mir.
Ach, könnt ich mir doch nur eins packen,
dann wäre ich der König hier.

Mein Gott, ich würde alles geben
für einen Schub im Lebenslauf …
Da blieb ein Blättchen an mir kleben
und setzte mir die Krone auf.

„Lass bitte ziehen mich von dannen",
flehte das Blatt, „ich bin so müd!"
„Du bleibst hier schön auf meinen Grannen!",
entgegnete ich ziemlich rüd.

„Mir ist's egal, ob du willst schlafen.
Was einzig zählt, ist mein Gesicht.
Ich prob' jetzt mit dem Fotografen
den Eintritt in die Oberschicht."

Während ich cool vor ihm posierte,
sah ich mich schon als Superstar.
Dass ihn das Blatt nur interessierte,
wurde mir erst viel später klar.

Unfähig, den Schlaf zu umgehen,
rollte das Blatt sich nämlich ein.
So kam ein Lichtbild zum Entstehen,
das kaum skurriler könnte sein.

Als solches schwer zu definieren,
wurde das Blatt zum Augenschmaus.
Nur dich kann so was amüsieren …
Doch ich war aus dem Bild nun raus.

Verwandte aus der zweiten Reihe
rückten an meiner statt hervor.
So wurde aus der Königsweihe
ein beispielloses Eigentor.

Das Tor führte zur Niederlage,
das räum ich heute gerne ein.
Mein Handeln stellte ich in Frage
und schaute tiefer in mich rein.

Mach ich hier kehrt und werde ehrbar?
Halt' ich mich an die Tradition?
Da bleib ich lieber unbelehrbar
und leb' sie aus, meine Vision!

Wer resigniert, hat schon verloren!
Vor jedem Tag steht eine Nacht!
Drum hab ich mich selbst auserkoren,
mein Leben öffentlich gemacht.

Ich trug es vor, hier, ohne Lügen,
ohne Tabus und Selbstmitleid,
mit all meinen Charakterzügen,
wie Arroganz und Eitelkeit.

Ja, das ist meine Art zu reifen!
Mag sein, dass du nichts davon hältst.
Vielleicht kannst du mich doch begreifen,
wenn du dich diesem Spiegel stellst …

Glaub mir, er bringt dir etwas Gutes,
der kurze Blick ins Jammertal.
Ich jedenfalls zieh frohen Mutes
schnurstracks Richtung nächsten Skandal.

## Teil 2: Die Abschluss-Prüfung

Als schlichtes Blatt kam ich ins Leben.
Stand Anfang Mai schon voll im Saft.
Wollt reichlich Sauerstoff dir geben.
Doch schnell verließ mich meine Kraft.

An einem heißen Juni-Morgen
sprach meine Mutter: „Tut mir leid!
Ich kann jetzt nicht mehr für dich sorgen,
Schuld hat die große Trockenheit.

Sie hat's geschafft, dich gelb zu färben,
drum wünsch ich mir, dass du jetzt schwebst.
In ein paar Tagen wirst du sterben.
Genieß die Zeit, die du noch lebst."

Was gab es da noch zu genießen!
So machte Leben keinen Spaß.
Ich war bereit, es abzuschließen,
schon klebte ich am Gerstengras.

Ich bat es, dass es mich verschone.
Es lachte mir nur ins Gesicht
und sprach: „Du bist jetzt meine Krone
für meinen Sprung ins Rampenlicht!"

So stand ich im Blitzlicht-Gewitter.
In Panik rollte ich mich ein.
Ihm war egal mein Angst-Gezitter.
Es zählte nur sein äußerer Schein.

In Frieden wär ich gern gestorben.
Stattdessen hab ich, unbewusst,
der Gerste ihren Tag verdorben.
Soll schuldig sein an ihrem Frust.

Nein! *Du* hast sie doch abgeschoben!
Die Schuld liegt nur bei dir allein!
Und mich hast du zum Star erhoben,
den ich auf keinen Fall wollt sein!

Mensch, bitte, hör auf, dich zu weiden
an meinem skurrilen Profil.
Nimm Rücksicht auf mein tiefes Leiden
und zeige etwas Mitgefühl.

## Liebe Mutter Sonne (der erste Brief)

Beschenkt mit deinem Namen,
gebar ich aus der Krume.
Aus unscheinbarem Samen
wuchs ich zur schönsten Blume.

Zum ersten Mal, heut Morgen,
zeigt' ich dir meine Blüte.
Fühlte mich gleich geborgen
in deiner lichten Güte.

In deinen Sonnenstrahlen,
gefüllt mit heißer Liebe,
darf ich mich endlich aalen
und stillen meine Triebe.

Wenn du drehst deine Runde,
werd ich mich mit dir drehen,
denn in jeder Sekunde
will ich dein Antlitz sehen.

Selbst dunkle Wolkendecken
können uns niemals trennen.
Du wirst sie sanft auflecken
und weiter in mir brennen.

Ich dank dir für mein Leben,
das ich so gern genieße.
In Liebe dir ergeben,
schick ich dir beste Grüße.

## Das weiße Schirmchen

Danke, Mutter, für mein Leben.
Für dein Mich-in- und auf-dir-Tragen.
Dies möcht ich dir von Herzen sagen,
bevor ich werd von dannen schweben.

Danke für die Geborgenheit
sowie den Schutz vor Mähmaschinen
und unbekömmlichen Toxinen
während meiner Früh-Jugend-Zeit.

Danke für deine Herzensgüte,
die Wertschätzung, dein Mich-Verstehen
und vereinzeltes Wegsehen
während der Zeit meiner Gold-Blüte.

Danke für deine Unterstützung,
deinen Rückhalt, deine Kraft.
Allein hätt ich sie nie geschafft,
die harte Zeit der Reife-Sitzung.

Danke, dass du mich jetzt lässt fliegen,
so einfach und bedingungslos,
hinfort von deinem Mutterschoß,
ohne dich groß an mich zu schmiegen.

Danke dafür, dass es dich gibt.
Ganz gleich wo ich werd hingetrieben,
Ich will für alle Zeit dich lieben,
so wie ich dich stets hab geliebt.

# Wahre Liebe (1)

So wie ich mich hier zeige,
hab ich nur eins im Sinn.
Ganz nah an deine Zweige
will unbedingt ich hin.

Mit immergrünen Blättern,
geschmeidig, voller Saft,
werd ich zu dir hochklettern,
entlang an deinem Schaft.

Spürst du, wie ich mich winde?
So heiß, wie wilder Wein,
liebkos' ich deine Rinde
und hülle sie ganz ein.

Für dich wurd ich geboren.
Du bist mein einz'ger Schatz.
Bei deinen Stammes-Poren
da ist und bleibt mein Platz.

Musst eines Tags du sterben,
werd ich auch bei dir sein.
Dann lass ich mich grau färben
und gehe mit dir ein.

# Der Weg-Weise(r)

Hallo, lieber Freund, es ist schön dich zu sehn,
auch wenn du, fürs Erste, mich gar nicht beachtest.
Hier wird ja die Sonne recht bald untergehn,
und das ist der Bildteil, den du gern betrachtest.

Als Blickfang, da hab ich wohl kein Privileg.
An Wichtigkeit jedoch bin ich kaum zu schlagen.
Ich darf mich vorstellen: Mein Name ist Weg.
Wofür ich hier steh, will ich dir gerne sagen.

Du glaubst sicher, ich wurde nur angelegt,
damit du möglichst viel an Zeit kannst gewinnen,
wenn du unter Stress auf mir hetzt unentwegt
von hinnen nach dannen und dannen nach hinnen.

Doch wenn du nur über den Wegesrand siehst,
erscheint dir ein Wunder von Schönheit und Stille.
Es ist die Natur, die da blühet und sprießt,
und ich bin dein Weg-Weiser zu dieser Fülle.

Im tieferen Sinn, ohne Schotter und Stein,
gibt's gleich viele Wege wie Menschen auf Erden.
Ich bin für *dich* da! Lass mich *dein* Weg sein!
Mein Wunsch ist es, von dir gefunden zu werden.

Wenn dir das gelingt, siehst du mich zweifelsfrei
als einzigen Weg, den es je hat gegeben.
Ich führ dich ins Licht, bleibst du mir allzeit treu.
Und – wie auf dem Bild – dies Licht wird ewig leben.

# Liebe Mutter Sonne (der zweite Brief)

Ich möchte für dich diese Zeilen verfassen,
um herzlich zu danken für Wärme und Licht,
die du mir so gütig hast zufließen lassen.
Nur deshalb erstrahlt hier mein reifes Gesicht.

Sie funkeln noch immer, die goldgelben Flammen,
doch tiefere Schönheit liegt in meiner Brust,
wo Kinder der Sonne eng rücken zusammen,
so kerngesund, dass du sie liebhaben musst.

Auch sie lieben all ihre Sonnengroßmutter,
und würden gern länger noch bleiben im Nest.
Das Schicksal will, dass sie wohl enden als Futter.
Kann sein, dass aus ihnen auch Öl wird gepresst.

Ich hoffe, es wird ein paar Kernchen gelingen
herunterzufallen in die weiche Krume.
Dann wüssten wir, was uns die Zukunft wird bringen:
Der Fortbestand der Sonne schönster Blume.

# Eine Frage der Entscheidung

Willkommen beim heiteren Pilz-Rate-Spielen!
Wer bin ich? Was kann ich? Wieso und wofür?
Zum Sieg brauchst du nur einen Punkt zu erzielen.
Machst du 'was mit mir oder ich 'was mit dir?

Wirst du überleben, wenn du mich verspeist?
Oder werde ich erleben, wie du ins Gras beißt?

Werde ich schmecken, ohne Befund?
Oder bleibe ich stecken in deinem Schlund?

Bin ich recht oder schlecht?
Bring ich Brot oder Tod?

Bin ich schlicht ein Gedicht als Gericht,
oder nicht?

„Halt! Stopp! Es reicht!" hör ich dich klagen.
„Mein Kopf dreht durch und auch mein Magen."
Woran das liegt, kann ich dir sagen.
Die Zweifel sind's, die an dir nagen!

Um dieses Unheil zu zerschlagen,
musst du eine Entscheidung wagen.
Dann wirst du sehn, werden die Fragen
wie ganz von selbst hinfort getragen.

„Das will ich wagen!
Sämtliche Fragen
werd ich verjagen!"
hör ich dich sagen.

„Dann leg ich mal los!

Essen? ‚Ja' oder ‚Nein'!?

Was nehm ich denn bloß???

Das kann doch nicht sein …"

Tja! Sein oder nicht Sein?
Nur das, ist die Frage!

Ich liebe dieses Spiel …

# Liebeskummer

„Einsam steh ich hier an der Mauer ...
Obwohl ich strahl in braunem Glanz,
wächst dicht darunter tiefste Trauer,
denn ich vermiss dich voll und ganz.

Einst saßest du hier, sangst Liebeslieder ..."
– Zwei Tränen kullern auf den Lack. –
„Hey, liebe Bank, das legt sich wieder,
ich krieg dich schnell wieder auf Zack!

Komm, zieh dir meine Blüten rein.
Schau auf die Blätter, saftig grün.
Dann spürst du wieder Sonnenschein
und all die Wolken lässt du ziehn."

„Liebe Hortensie, bist so nett.
Ich dank dir für dein Mitgefühl.
Doch selbst dein herbstlich-violett
bringt meiner Stimmung nicht sehr viel."

„Was ist mit meinen Farben satt?
Grün, braun und gelb, in einer Schicht?"
„Ich dank auch dir, Kastanienblatt,
doch senkt auch das mein Leiden nicht.

Der Liebeskummer schmerzt zu sehr ...
Und niemand, um die Bank zu drücken.
Der Platz ist frei ... Mein Herz ist leer ...
So wie die Wand an meinem Rücken ..."

# Die Lücke

Die Tiefe und Weite in mir, diesem Bild,
zeigt dir eine Seite, die Sehnsüchte stillt.
Ich werd sie aufschlagen und bring sie dir dar.
Brauchst nichts beizutragen, sei einfach gewahr:

Der Tag geht zur Neige,
wie ein Atemzug.
Entspann dich und schweige.
Für heut ist's genug.

Die Stille aufsaugen sollst du, frei heraus.
Dann schließ deine Augen und atme tief aus.

Bleib zwei Augenblicke
– atme nicht gleich ein –
und find in der Lücke dein ureigenes Sein.

Du kannst dies erreichen.
Du brauchst nur dafür dein Denken zu streichen.
Nur so erscheint dir, in der Atempause,
die wahre Natur von deinem Zuhause.
Sie ist Liebe pur!

In den paar Sekunden wo du bist ganz still,
da wirst du verbunden mit einem Gefühl,
man könnt es beschreiben wie fühlendes Licht.
Willst ewig dort bleiben.

Du siehst dein Gesicht in strahlender Klarheit,
völlig ungetrübt:
Die einzige Wahrheit, die's überhaupt gibt.

Viele Atemzüge stehn dir noch ins Land.
Nutze sie,
zum Siege über den Verstand.

# Wahre Liebe (2)

In Hingabe und Dankbarkeit
halten wir zwei uns eng umschlungen.
Gedenken der Vergangenheit,
wie uns die Liebe war entsprungen.

Ich sah dich sprießen aus der Krume,
da war's auch schon um mich geschehn.
Warst schöner als die schönste Blume.
Kein andres Blatt konnt mich verstehn.

Ragtest hervor aus deinesgleichen,
so stattlich männlich, saftig grün.
Wollt oft vom Baum mich runterschleichen,
mit dir im Traum zusammenziehn.

Bereit, mich dir voll darzubringen,
schwebte ich anmutig am Ast.
Als du im Wind mich hörtest singen,
hat Amor dir den Pfeil verpasst.

Wir beide war'n so grundverschieden,
dass niemand uns 'ne Chance gab.
Der eigne Klan hat uns gemieden
und brach über uns zwei den Stab.

Endlich, im Herbste unsres Lebens,
wurd unser Traum Realität.
Beharrlichkeit war nicht vergebens.
Der Wind hat mich zu dir geweht.

Wir zwei sind wirklich zu beneiden
um so viel Glück und Zärtlichkeit.
Wenn wir von dieser Erde scheiden,
dann nur in trauter Zweisamkeit.

# Liebe Mutter Sonne (der letzte Brief)

Das Schreiben …
fällt mir schwer.
Verbleiben …
hier … noch mehr.

Ich bin halt …
am Verblühn.
's wird mich bald …
zu dir ziehn.

Ich habe
gern gelebt …
Hingabe …
angestrebt.

So spür ich
Zuversicht …
und freu mich
auf das Licht, …

das du mir
hältst bereit …
als Lohn … für …
Achtsamkeit.

# Chaos im Walde

Wenn Lärchen-Pärchen
und Weiden leiden,
weil Buchen fluchend
die Eschen verdreschen,
müssen Fichten schlichten.

Wenn Birken bewirken,
dass Kiefern liefern,
was Platanen planen,
müssen Erlen-Perlen
und Eichen weichen.

Wenn Tannen spannen
und Zedern federn,
weil Linden-Rinden
sich an Eiben reiben …

können nur noch wir Elfen helfen.

# See(le)nfeuer

Kein Windhauch, der mich heut bewegt.
Mein Wasser kann kein Lüftchen trüben.
Die Sonne jedoch strahlt unentwegt.
Sie hat die Wolken längst vertrieben.

So hat sie völlig freie Bahn.
Ihr Temperament ist schwer zu zügeln.
Um mir zu zeigen, was sie kann,
lässt sie die Bäume in mir spiegeln.

An solchen Freudentagen nur,
da kann ich an mir selbst mich weiden,
denn nur im Herbst schafft's die Natur,
so kraftvoll schön mich einzukleiden.

Grün, Rot, und Gold, mein eigen Blau,
ich kann jetzt alle Farben zeigen
auf meiner Früh-Herbst-Modenschau,
bis dass die Nacht beschließt den Reigen.

Mit Hingabe und Dankbarkeit,
will ich mein Leben heut genießen.
Ich trink auf die Geselligkeit
und lasse Feuerwasser fließen.

# Von Nutzen sein

Ich war zu viel in dem Gefieder,
so flog ich oben aus dem Nest
und landete sanft hier hernieder.
Danke, dass du mich bleiben lässt.

Ich seh, dir geht's wohl auch nicht besser.
Bist alt und grau und schmeckst nicht mehr.
Vorbei gehen die Pflanzenfresser ...
Von Nutzen sein, wünschst du dir sehr.

Schau uns doch an! Schau die Symbiose
von Feder, Halm und Lichterspiel!
Die schlichte Schönheit dieser Pose
bringt uns und dem Betrachter viel.

Lass uns gemeinsam jetzt vergehen.
Wir – Überrest von Pflanze und Tier –
werden als Dung weiterbestehen.
So sind wir noch mal nützlich hier.

Sich diesem Schicksal hinzugeben,
seh ich für uns nur als Gewinn.
So viel Verdienst in diesem Leben
erleichtert unsren Neubeginn.

# Erwachen

Wenn du auf mir, der Brücke, gehst,
dein Schritt dann langsam innehält,
dich unbewusst zum See hindrehst,
vernimmst du eine andre Welt.

Wenn du auf mir, der Brücke, lauschst,
entspannt auf was da kommen mag,
dich nur mit Stille voll berauschst,
dann bringst du Licht in deinen Tag.

Wenn du von mir, der Brücke, schaust,
auf alles, was dein Blick erfasst,
der Unbekümmertheit vertraust,
befreist du dich von alter Last.

Wenn du auf mir, der Brücke, schweigst,
weil es kein Wort zu sagen gibt,
dich über mein Geländer neigst,
dann fühlst auch du, du wirst geliebt.

Wenn du auf mir, der Brücke, weilst
und trotz der Kälte Wärme spürst,
ist's, weil du tiefe Liebe teilst,
mit allem, was du hier berührst.

Wenn du auf mir, der Brücke, schwebst,
dennoch im Jetzt verankert bist,
kommt der Moment, wo du erlebst,
dass dieser See auch Himmel ist.

Wenn du auf mir, der Brücke, lachst,
obwohl du fast am Weinen bist,
heißt das, dass du endlich erwachst
und fühlst, dass alles Liebe ist.

# Geborgenheit

Bevor die Sonne dreht ihre Runde
– noch siehst du auf dem Bild sie nicht –
schickt jeden Tag zu früher Stunde
sie mich voraus, ihr erstes Licht.

Um zu verabschieden die Nacht,
werd still ich zu dir rüber schweben.
Liebkose deinen Traum ganz sacht
und wecke dich zu neuem Leben.

Hab ich getan dann meine Pflicht,
erscheint die Sonne, leuchtend rot.
Sie bringt dir Glück und Zuversicht,
lindert den alten Schmerz und Not.

Wie's tut die Mutter für ihr Kind,
erlöst sie dich von Nebeldecken,
bis du den Frieden fühlst geschwind
und ihre Wärme darfst entdecken.

Mit Licht erfüllt den Tag begehen,
im Herzen nur dein Liebeslied,
so lässt du alles gern geschehen,
wie es dir ganz von selbst geschieht.

# Der Weihnachtsbaum

Ich steh hier rum, ganz ohne Blätter.
Der Platz ist völlig menschenleer,
und das bei bestem Hochdruckwetter ...
Unter alldem leide ich sehr.

Im Sommer, da mochte mich jeder,
denn alle schätzten den Moment,
wo ich spendete Schattenbäder.
Das war einmal. Jetzt ist Advent!

Da gibt's nur Freud in den vier Wänden,
und ich bleib draußen – ganz allein.
Soll dies Jahr wirklich traurig enden?
Ein Weihnachtsbaum möcht ich gern sein!

Wie reich würde man mich verzieren,
mit Lichtern, Schmuck und Zimtgebäck,
Geschenke um mich rum platzieren ...
Dann wär mein Seelenschmerz gleich weg.

Was red ich da! Was soll das Träumen!
Ich steh doch gern hier, Jahr für Jahr.
Vergaß, dass allen Weihnachtsbäumen
droht eine schreckliche Gefahr.

Die Menschen wollen sie ja fällen!
Sie sind zu dieser Tat bereit,
um dann den Baum so aufzustellen,
wie es ist Brauch zur Weihnachtszeit.

Was kümmert sie das tiefe Leiden,
das so ein Baum ertragen muss.
Hauptsache, sie können sich weiden
an Tradition und Zuckerguss.

Ist Weihnachten einmal zu Ende,
wird dann das Bäumchen schnell verbannt.
Es blutet aus auf dem Gelände
und wird beim Burgbrennfest verbrannt.

Gnädig wurd ich stets geleitet
vom Stern, der ostwärts sich erhebt
und Segen über mich verbreitet.
So hab ich Weihnacht überlebt.

# Das Geschenk (Epilog)

Hast mich gehört, mein Wort gelesen
mit Achtsamkeit und Mitgefühl.
Doch leider, liebes Menschenwesen,
bringt nur die Praxis dich ans Ziel.

Deshalb, als Lohn für dein Bemühen,
schenk ich dir ein Stück Ackerland.
Hier sollst du deine Früchte ziehen.
Das „Wie?" liegt jetzt in deiner Hand.

Arbeitsgerät hast du erhalten
sowie die Samen für die Saat.
Auch Richtlinien für das Gestalten.
Regen und Sonne halt' ich parat.

Jetzt nutze weise das Erlernte.
Handle mit Weitsicht und Geduld.
Dann wartet auf dich reiche Ernte.
Wirst – wie ich – frei von Angst und Schuld.

Die Arbeit musst du selbst verrichten!
Nur so entsteht dein neues Heim.
Was mich angeht, ist Schluss mit Dichten.
Dieser hier, war der letzte Reim.

# Danksagung

Liebe Petra, von ganzem Herzen danke ich Dir für den wunderbaren Regenbogen, der dieses ganze Buch durchfärbt.

Liebe Mim, Dir danke ich ganz herzlich für die Gestaltungsrichtlinien und Deine Lichtquellen, sowie für Arbeitsgerät und deren Handhabung.

Pol, vielen Dank für das Saatgut und den ersten Spatenstich.

Dank auch an Euch, Hannelore, Brunhilde und Sylvia, für Eure ganz spezielle Düngung.

Des Weiteren danke ich Li, Sheila, Boris, Elke, Uta, Josiane, Georges, Anita, Marianne und Kurt für gefüllte Wasserflaschen und gelegentliches Schweißabwischen.

Ich danke auch meinen Kindern, Sally, Sam und Genie, für Einfachheit, Energie und Leichtigkeit, sowie meinen Eltern, Geschwistern und der ganzen Ahnenlinie dafür, dass es sie gibt.

Tao.de danke ich für das erste zarte Pflänzchen.

Der Natur mit all Ihren Wesen danke ich für Weitsicht und Geduld.

In Erinnerung an

Pol
(* 04.06.1947, † 03.07.2012)

Marc Hinkel wurde am 30. März 1963 in Luxemburg geboren. Er ist seit 30 Jahren verheiratet, Vater von drei Kindern und lebt in Graulinster (Luxemburg).
Dank seiner vielseitigen Berufserfahrungen (u.a. Landwirt, Bankkaufmann, Busfahrer), seines Interesses an diversen spirituellen Lehren und Meinungen und seiner Liebe zur Familie und zur Natur entstand dieses, sein erstes Buch.
Eher zufällig ist er aufs Schreiben gekommen. Als er 2014 auf ein Foto einer beeindruckenden Herbstlandschaft stieß, musste er es einfach „bedichten".

Email: marchin63@hotmail.de

Petra Heiner wurde 1962 als erstes von fünf Kindern am Niederrhein geboren. Seit 1983 nennt sie die Südeifel ihre Heimat. Mittlerweile ist sie verwitwet, ihre einzige Tochter lebt mit ihrer Familie in den USA. Beruflich war sie bei der Deutschen Post, einer Elektronikfirma sowie als Lkw- und Busfahrerin tätig.
Weiterbildungen als Schwesternhelferin und Hospiz- und Palliativkraft trugen dazu bei, dass sie sich außerdem ehrenamtlich engagierte. 2017 musste sie wegen einer schweren Erkrankung in Rente gehen.
Es ist für sie Motivation und Passion zugleich, über das Fotografieren, ihrer Liebe zu Mensch und Natur Ausdruck zu verleihen.